时间管理

如何高效利用你的每个24小时！

个人潜能管理大师　［美］吉姆·兰德尔（Jim Randel）著　舒建广 译

THE SKINNY ON
TIME MANAGEMENT:
How to Maximize Your 24-hour Gift

湖南文艺出版社
HUNAN LITERATURE AND ART PUBLISHING HOUSE　博集天卷
CS-BOOKY

THE SKINNY ON TIME MANAGEMENT: HOW TO MAXIMIZE YOUR 24-HOUR GIFT
Copyright © 2010 BY JIM RANDEL
Author: JIM RANDEL
This edition arranged with RAND PUBLISHING LLC
through BIG APPLE AGENCY, LABUAN, MALAYSIA.
Simplified Chinese edition copyright:
2021 China South Booky Culture Media Co.,Ltd
All rights reserved.

著作权合同登记号：图字 18-2020-151

图书在版编目（CIP）数据

　　时间管理 /（美）吉姆·兰德尔（Jim Randel）著；
舒建广译 . —— 长沙：湖南文艺出版社，2021.7（2023.12重印）
　　书名原文：THE SKINNY ON TIME MANAGEMENT: HOW
TO MAXIMIZE YOUR 24-HOUR GIFT
　　ISBN 978-7-5404-9861-0

　　Ⅰ . ①时… Ⅱ . ①吉… ②舒… Ⅲ . ①时间—管理
Ⅳ . ① C935

中国版本图书馆 CIP 数据核字（2020）第 230565 号

上架建议：成功 / 励志·时间管理

SHIJIAN GUANLI
时间管理

作　　者：［美］吉姆·兰德尔
译　　者：舒建广
出 版 人：陈新文
责任编辑：刘雪琳
监　　制：于向勇
策划编辑：布　狄
文案编辑：王成成
版权支持：刘子一
营销编辑：王　凤　段海洋
版式设计：利　锐
封面设计：利　锐
出　　版：湖南文艺出版社
　　　　　（长沙市雨花区东二环一段 508 号　邮编：410014）
网　　址：www.hnwy.net
印　　刷：三河市中晟雅豪印务有限公司
经　　销：新华书店
开　　本：875mm×1230mm　1/32
字　　数：131 千字
印　　张：5.25
版　　次：2021 年 7 月第 1 版
印　　次：2023 年 12 月第 6 次印刷
书　　号：ISBN 978-7-5404-9861-0
定　　价：48.00 元

若有质量问题，请致电质量监督电话：010-59096394
团购电话：010-59320018

致中国读者

感谢您阅读"简单有趣的个人管理"书系，我的核心目标是用轻松有趣的方式来帮助您提升个人管理技能。

或许，您会对这套书的出版经历感兴趣。大概 10 年前，这套书在美国出版，随即被引进中国，与中国读者见面了。令人难以置信的是，2018 年，这套书中的两本登上了美国本版图书中文引进版畅销排行榜，并持续在这个榜单上保持着前 10 名的好成绩。

截至今日，"简单有趣的个人管理"书系已在中国销售了近百万册，我们也因此得以在印度尼西亚、马来西亚、泰国、韩国和越南等国陆续出版这套书。

我创作这套书是为了更好地尊重每位读者的时间与精力。我们每天都能获取海量的信息，因此应该有人对其进行筛选与整理，供更多的人学习与使用。

虽然这套书采用的是极简的绘画设计风格，但内容却经过了长时间的打磨。在写作每本书时，我都做了大量的功课，希望能以轻松有趣的方式为您提供您所需的知识。

最后，献上我最诚挚的祝福。

吉姆·兰德尔
2021 年 5 月

关于本丛书

欢迎您阅读本丛书。该丛书用一系列图画、对话和文本来传递信息，既简洁明了，又赏心悦目。

在我们这个惜时如金而又信息如潮的时代，大多数人挤不出时间去进行阅读。因此，我们对重要问题的理解往往浮光掠影——不像长年累月专注于此类研究的思想家和教师那样见解独到．入木三分。

这套丛书旨在解决这一问题。为了把这套丛书呈现给你，我们的读者和研究人员做了大量工作。我们阅读了手头可以找到的与主题有关的一切材料，同时与专家做了深入交谈。然后，结合自己的经验，提炼出这一系列丛书，期望你读后获益匪浅。

我们的目标就是为了你的阅读。故此力求聚集要点、提取精华，集教育意义和阅读乐趣于一书。

本书设计简约，但我们对待其中的信息却极其严肃认真。请不要把形式和内容混为一谈。你阅读本书投入的时间，必将会换来无数倍的报偿。

导 言

我们这套丛书认为，少即是多。我们相信，有太多的作家、思想家和研究人员倾向于使用 10 个词去表达用 5 个词就可以说明的问题。也许，这种现象是有历史渊源的。书籍向来是精美厚重之物，作家们实在找不出任何理由去改变古已有之的事实。

我们不认为古已有之的东西就应该一成不变地指向未来。真见鬼，200年前，从一个邻居到另一个邻居，高声大叫也许是一种恰当的沟通方式，但在今天，却普遍认为使用手机是更加可取的。

我们的目的是透彻地对某一特定主题进行研究——就这本书而言是时间管理——然后为读者归纳出你所需要知道的内容。不是泥沙俱下……也不是面面俱到。只把你所需要知道的告诉你。

我们已经阅读了大约 100 本（篇）关于时间管理的书籍和文章．以下是我们所得到的信息：这一阅读过程是在浪费时间！几乎所有著作都大同小异。事实上，有关时间管理的原则，你需要知道的大约只有 50 条……一旦你了解了这些原则，你就了解了关于这一主题你所需要了解的一切。所有这50 条原则，都将在这本书里一一论述。

我们在此请求你花一小时的时间来阅读本书。我们向你保证，阅读我们的书籍将会是一种良好的时间投资！

"时间是一种阻止事件
突然发生的自然属性。
最近以来，这一属性的作用
似乎不太明显了。"

——佚名

你好！我是吉姆·兰德尔，
这套丛书的创始人。

在接下来的一小时里，
我将做你的向导。

欢迎你来我家做客。我已经将我的车库改成了教室。今天，我想在这里为你讲授有关时间管理的课程。

请注意那些自行车，它们的存在自有其道理。首先，我喜欢自行车。

　　其次，我想让你们知道：

　　虽然时间管理对一个人的成功来讲是一个关键因素，但那并不意味着良好的时间管理总是在忙于一个又一个活动，就这样度过一生。

　　也存在这种情况：有时，我会骑着自行车去一些地方闲逛，只是因为我喜欢悠闲的单车之旅。

今天，我们将要讨论如何最大限度地利用你的时间，以便使你实现自己的目标的可能最大化。我不会建议你放弃自行车漫游、散步或遥望星空。我只是想让你明白有效利用时间的重要性……在你需要的时候。

4

时间是一种快速移动的资产。你所拥有的时间就只有那么多。如何运用你所拥有的时间对于你的前程来说，将是至关重要的。

从许多方面来说，时间是你最宝贵的商品——浪费它的风险必须由你自己来承担。

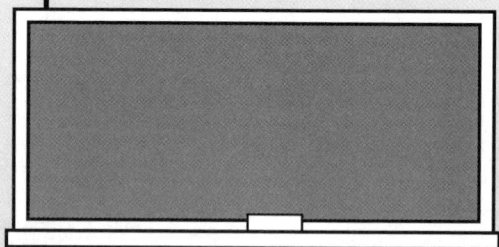

5

每个人每周都有 168 小时，或者每月大约有 720 小时的时间。

每一小时都很重要。

这就是我拿来这个沙漏的原因。我想要你在 60 分钟内上完我的课。我不想浪费你一分一秒。

6

这就是你。

我们知道你实际上看起来比这要好看多了。

在我们课程结束的时候，你的脸上将浮现出微笑，因为那时，你将会对时间管理有更好的了解。

7

什么是时间管理？

时间管理是运用策略和技术，
帮助你尽可能有效地
利用你的时间。

1

在课程的上半部分，我们将回顾一下你目前是如何利用你的时间的。

你能意识到你的时间花到哪儿去了吗？你所花的时间能否在某种程度上让你更加接近你的目标？你做的选择正确吗？

2

在课程的下半部分，我们将分析你是否正在使你所拥有的时间发挥最大的效用。

一旦你了解了目前你在如何使用你的时间，你就需要确定你是否正在尽可能有效地使用你的时间。其目的不仅仅是要将时间用在正确的地方，而且还要将时间尽可能有效地加以利用。

9

PART I

第一部分

回顾
你目前是如何利用时间的

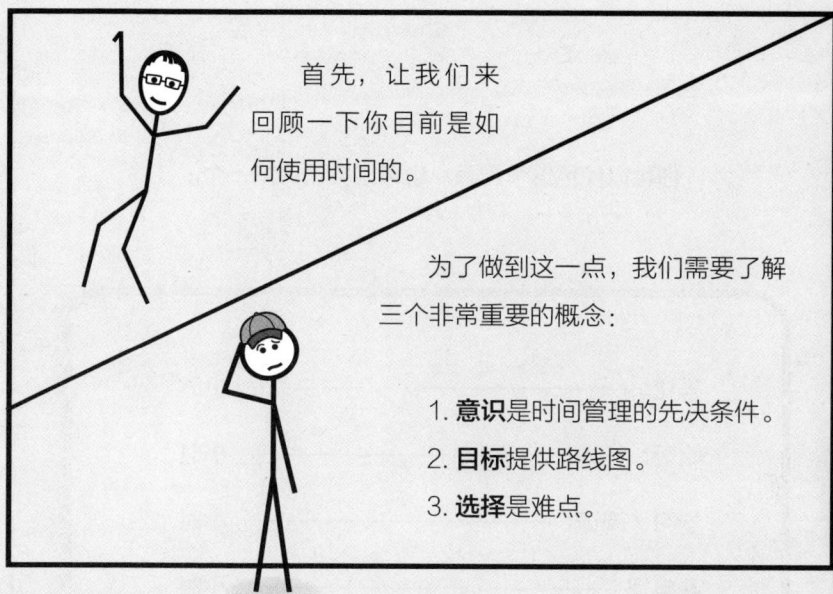

首先，让我们来回顾一下你目前是如何使用时间的。

为了做到这一点，我们需要了解三个非常重要的概念：

1. **意识**是时间管理的先决条件。
2. **目标**提供路线图。
3. **选择**是难点。

意识

只有对于时间的流逝保持高度敏感，你才能成为一个有效的时间管理者。我一天 24 小时都戴着一块秒表，因为我喜欢看时光飞逝、分秒不停——这将会提醒我注意：时光在飞逝！

作为第一个作业，我希望你写出你的最佳估测，内容是：刚刚过去的 72 小时你是怎么度过的。做个简单分类并把你在每个类别的活动上花的时间写上去。

这个不必太过精确。这样做只是想让你开始思考。

第一条
意识是先决条件

你可以使用这个图表，也可以自己另制一个。

睡觉： ——————————— 小时

吃饭： ——————————— 小时

学习／阅读： ——————— 小时

看电视： —————————— 小时

上网： ——————————— 小时

打电话／发短信： ———— 小时

运动： ——————————— 小时

上课或工作时间： ——— 小时

娱乐： ——————————— 小时

其他杂务： ———————— 小时

总计： 72 小时

过去，我一直在做时间日志。

在一周的每一天结束后，我都要利用上床前的一点时间，把我在这之前的 24 小时是怎么度过的，清楚地记录下来。

我这么做是因为我想清楚地知道，我是如何使用我的每一个 30 分钟时间的。

第一条
意识是先决条件

14

我时间日志中某一天的情况如下图所示：

时间管理评估

时间	星期一	星期二	星期三
午夜			
12：30			
1：00am			
1：30	休息		
2：00am			
2：30			
3：00			
3：30			
4：00am			
4：30			
5：00am			
5：30	写作		
6：00am			
6：30			
7：00am			
7：30			
8：00am	早餐		
8：30	淋浴		
9：00am	梳妆		
9：30			
10：00am			
10：30			
11：00am	研究		
11：30			

时间	星期一	星期二	星期三
中午			
12：30			
1：00pm	午餐		
1：30			
2：00pm			
2：30			
3：00pm	打电话、收发电子邮件		
3：30			
4：00pm			
4：30	锻炼身体		
5：00pm			
5：30			
6：00pm	晚餐		
6：30			
7：00pm			
7：30	观看电视		
8：00pm	棒球比赛		
8：30			
9：00pm			
9：30			
10：00pm	阅读		
10：30			
11：00pm			
11：30	休息		

随后，在一周的末了，我会将各个常规项目所用的
时间进行汇总。

睡觉：	49 小时
吃饭：	15 小时
学习／阅读：	10 小时
看电视（体育节目）：	15 小时
上网（收发电子邮件）：	7 小时
打电话／发短信：	5 小时
运动：	10 小时
上课或工作时间（写作）：	40 小时
娱乐（沉思、骑自行车）：	7 小时
其他：	10 小时
总计：	168 小时

睡觉：	49 小时
吃饭：	15 小时
学习／阅读：	10 小时
看电视（体育节目）：	15 小时
上网（收发电子邮件）：	7 小时
打电话／发短信：	5 小时
运动：	10 小时
上课或工作时间（写作）：	40 小时
娱乐（沉思、骑自行车）：	7 小时
其他：	10 小时
总计：	168 小时

16

17

你知道吗？让我感到惊讶的是我看体育比赛所用的时间居然有那么多——大约每星期15小时。我觉得这显然太多了，因为我一年有六本书的写作任务要完成。

我意识到：如果我将看电视的时间减少为每周 7.5 小时，我用来写作的时间每月可以多出大约 30 小时，或者每年 360 小时。利用多出来的这些时间，我就可以多写一本或两本书。

睡觉：	49 小时
吃饭：	15 小时
学习 / 阅读：	10 小时
看电视（体育节目）：	15 小时
上网（收发电子邮件）：	7 小时
打电话 / 发短信：	5 小时
运动：	10 小时
上课或工作时间（写作）：	40 小时
娱乐（沉思、骑自行车）：	7 小时
其他：	10 小时
总计：	168 小时

你是否会觉得奇怪，我竟然不知道自己看体育比赛花了多少时间？在某种意义上讲，我当然知道。只是通过强迫自己把时间汇总起来的方法——去除以我本周的 168 小时的话——我就只好面对这样的事实：我几乎用了 13% 的醒着的时间观看体育比赛。

某些活动当然是颇为诱人的。在做这些事情时，我们都怀着良好的心愿，对自己设置一定的时间限制。然后，嗖地一下……时间飞逝而过。时间变得不可控制，我们所花的时间超出了原来的计划。

1
8

你一定听说过阿尔伯特·爱因斯坦。他因许多成就而闻名于世，包括他的相对论：E=MC^2。也就是说……

事实上，我也不知道这是什么意思。但是，不管怎么说，我有我自己的相对论。

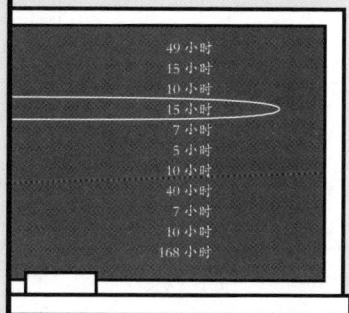

49 小时
15 小时
10 小时
15 小时
7 小时
5 小时
10 小时
40 小时
7 小时
10 小时
168 小时

49 小时
15 小时
10 小时
15 小时
7 小时
5 小时
10 小时
40 小时
7 小时
10 小时
168 小时

　　我的相对论讲的是：我们对时间的感觉取决于我们在做什么。我曾说过，当我看电视体育节目时，我的时间失去了控制。时间飞逝而过。然而，当我每天晚上回到家的时候，因为饥饿难耐，我随手将什么东西扔进微波炉加热，而那五分钟的等待仿佛无穷无尽。

我的观点是：你必须意识到你对时间的感觉。时光飞逝时，你在做什么？时间停滞不前的时候，你又在做什么？

意识到自己对时间的感觉，可以使你更了解自己。

一个人对时间的感觉，是了解他或她的真正激情所在的一个窗口。目的是平衡你的时间消耗，以便使你的目标和激情协调一致。我喜欢体育运动，但过多的体育运动会妨碍我的写作需要和愿望。另一方面，如果我花太多时间进行写作，我会感到单调乏味，而这也会影响我的工作质量。

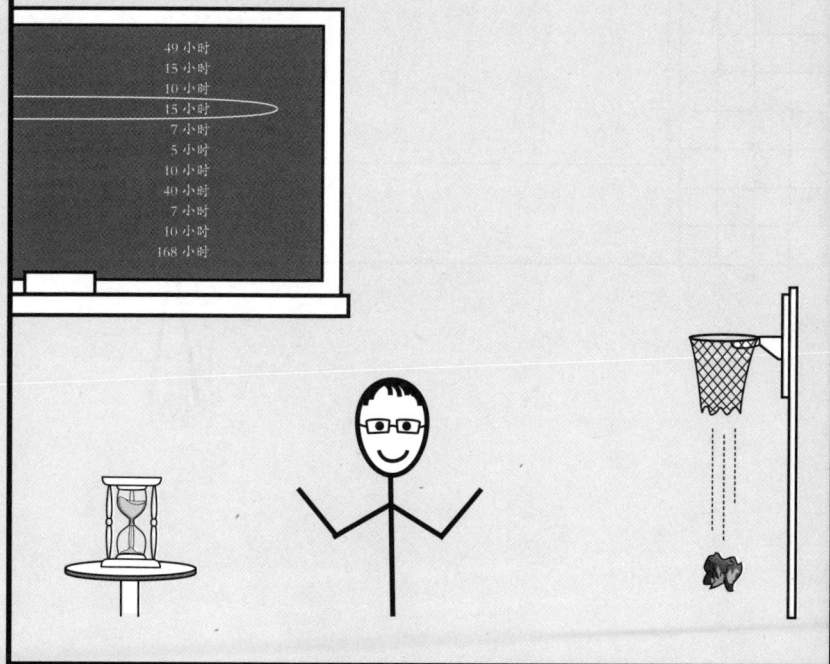

49 小时
15 小时
10 小时
15 小时
7 小时
5 小时
10 小时
40 小时
7 小时
10 小时
168 小时

21

自我意识至关重要的原因有三点：

14:29,
14:30,
14:31...

1

通过更好地意识到你如何利用时间，你可能会发现某些地方可以做调整，就像我决定减少观看体育比赛的时间一样。

2

通过更好地了解自己如何花费时间，你就有机会找到可以利用的时间。就在几天前，我出于好意跟妻子提道：她每天用于淋浴的平均时间是 15 分钟。如果她可以把它减少到 10 分钟，那么，她每月可用于工作的时间就会多出 2.5 小时。她告诉我，如果我再跟她提这事，她就揍扁我。

3

通过对时间进行关注，通过记时间日志，你便开始把时间当作一种转瞬即逝的资产。记时间日志会使你对自己不断贬值的资产——生命时光——保持敏感。

很好。现在你明白了自我意识的重要性。你想猜一下拉丁语 sine qua non 是什么意思吗？

Sine Qua Non

sine qua non 翻译出来的意思是：没有它，一切免谈。

这就意味着：如果你不了解你是如何花费时间的，你便没有能力有效地管理你的时间。自己欺骗自己毫无意义。

这就是为什么，自我意识是第一步！

目标

好了，时间在飞逝。现在我们来讨论第二个概念——通过确定目标，我们开始关注我们需要采取的路线。

第二条
目标提供路线图

"目标是成功的催化剂。"

——佚名

只有当你确定了努力的方向和目标时，你才能决定应该如何安排你的时间。这就是为什么我把目标设定称为路线图。

目标设定就是在今天决定你 6 个月……1 年……或者 5 年后，你想要在哪里，想要做什么。

对于什么是短期目标，什么是长期目标，现在还没有一个广泛认可的标准。即便如此，我们也要做到有据可依。让我们把任何可以在一年之内实现的目标称作短期目标，而把所有其他目标称为长期目标。

为了便于讨论，让我们把目标同任务区别开来。当我使用"任务"一词时，我指的是最近某个时间必须完成的一件杂务、差事或工作。

把你的任务写在工作清单上，把你的目标写在使命描述中。

我写作本书的一个目标是要你去思考……你的目标，你的梦想，你的最佳前景设计。

你

"你的目标是什么？短期内你希望达成什么愿望？长期来说，你希望你的人生是什么样子？"

"你打算怎样让自己从现状出发去实现自己的理想？你实现理想的步骤和措施是什么？"

谁知道他会在这门关于时间管理的课程中问这么难的问题？我需要一些时间来思考。

我不是想让你烦恼，但如果你不知道近期和远期你想要的生活是个什么样子，那么，你就不知道你必须采取哪些步骤，以及你需要给每一个步骤分配多少时间。

一旦你确定了你的目标，你就能更好地确定你需要采取的步骤，以及你必须做出的时间承诺。

第二条

目标提供路线图

下面是最近我和上大学的女儿一起做的一个"目标—步骤—时间分析"的例子。

重要的是：在这里你可以看到目标和时间相互连接的过程。

我女儿的目标是在她大三的秋季学期，平均成绩（GPA）达到 3.5。她的目标符合专家指出的一个目标所应具备的四个最重要的标准：

（1）具体（平均成绩 3.5），

（2）有时间范围（秋季学期），

（3）很现实（她知道她是有这个能力），以及

（4）对于目标制定者来说，它很重要（这是我女儿的想法）。

秋季，我女儿会上 12 个学分的课。这意味着每周要上课 12 小时。她得出结论：要想拿到平均成绩 3.5，每在课堂上上课一小时，她需要在课堂之外花 2.5 小时的时间。这 2.5 小时包括做课堂作业和为应付考试和测验所做的准备、阅读和学习。这就意味着每星期还需要用去另外 30 小时（12×2.5）。

因此，总学习时间 =42 小时（课内和课外）。

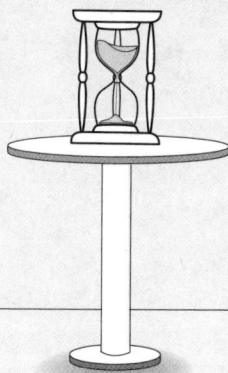

然后，我女儿列出了每周她需要进行的所有其他活动，以及她为每项活动所安排的时间。

上课：12 小时

课外学习：30 小时

睡觉：56 小时

洗澡、穿衣、吃饭、交通：20 小时

越野：20 小时

和朋友一起：15 小时

电话或上网：8 小时

其他杂务：12 小时

总计：173 小时

呃哦。

而这时她意识到了问题所在。她需要分配给她想做的所有事情的总小时数为 173！不幸的是，在生命游戏中，我们每周只有 168 小时。

33

这一分析向我女儿显示：如果她真的想要达到平均成绩 3.5，她就必须在时间分配上做一些改变。

也许，她不得不睡得少一些。或者，在吃东西和去上学之前的化妆、准备方面少用一些时间。或者，减少她和朋友在一起玩的时间。

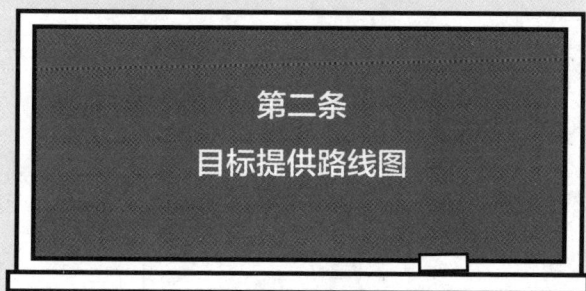

第二条

目标提供路线图

第二条
目标提供路线图

我是用这个例子来表明自己的观点。不论你的目标是什么，你都需要采取一些行动步骤来实现它。而这些步骤需要花费时间。你有这个时间吗？你准备好从其他活动中抽出你所需要的时间去做这件事了吗？

但是，如果我不知道应该采取哪些步骤来实现我的目标，我该怎么做呢？如果我确实知道了需要采取的步骤，但却不知道要花多少时间，那我又该怎么做呢？

"问得好……看到你听得如此专心，还对我说的话认真思考，我感到很开心。"

第二条

目标提供路线图

　　从现状出发到实现你的目标，中间可能要经过好几个步骤。对于你来说，这些步骤有的是未知的有的是不明确的。这没什么关系。只要你开始对实现目标的途径进行深思熟虑，三种重要的情况便开始出现。

首先，通过对步骤和时间进行思考，你的分析能力和创造性得以调动。你开始了解为了实现自己的目标，你所需要做的事情。

第二，不管你是否意识到，你已经开始做计划了。你实际上已经开始想象目标的实现了。通过设想，可以以增强你实现目标的愿望，并强化你为实现目标而做出的努力。

第三，你正在对你的决心进行测试。通过确定具体步骤和时间要求，你再次确认了自己对于实现某一目标的愿望的强烈程度。事实上，还可能有这种情况：你有意识地做出决定，推迟追求你的某一个目标，因为你发现，你达成这个目标的欲望并非十分强烈。

39

在本次课程中，此时此刻我们所要做的，就是要帮助你构建一个目标—步骤—时间分析的概念。

确切地说，这不是一门科学。我只是建议你启动目标设定和时间管理的整合过程。

让我们回顾一下：

1. 通过深入了解你是如何使用时间的，你可以确定你可能需要在哪些方面做出改变。

2. 通过确认你的目标，你为实现自己的目标建立了一个行动路线图。

选择

所有这些都引导我们来到有关你使用……或滥用……时间的第三个主要概念。梦想的实现绝非轻而易举，你必须做出选择。

第三条
选择是困难的

一旦你知道了你是如何使用时间的，并有了实现目标的行动路线图，分析的要素就完整了。然而现在，艰难的部分出现了。

现在，你需要做一个彻底的反省。你需要找到一个平衡点。你到底想要得过且过——做你现在马上想做的事呢——还是为未来着想——做那些能让你今后过上自己想要的生活的事情呢？

我现在需要靠近你一些。我要告诉你一些关于生活的真正重要的事实：生活是不公平的。

　　我不打算站在这里告诉你：只要你努力奋斗，就可以得到任何你想要的东西。生活却偏偏不是这样。很多因素和事件都超出了人们控制能力的范围，而这些将会对你的生活走向产生影响。

　　但我可以告诉你的是：通过做出正确的选择，通过使自己保持一种想要成功的姿态，你就可以获得更大的机会，去实现你想要达成的目标。

第三条
选择是困难的

我真希望今天早上
我用了漱口水。

　　时间管理在很大程度上讲就是选择。既然你已经确立了高度的时间意识，并设定了一些目标，那么，你就需要面对竞争的需求所带来的压力了。朋友打来的电话，晚睡的渴望，承诺与义务，互联网的诱惑，以及任何会对你造成干扰、影响你达成目标的事情。

　　只有你自己能够做出选择。没有人能代替你。有时，做出选择是非常困难的。

45

"别人不喜欢做的事情，成功人士也不喜欢做。尽管如此，成功人士还是去做了。"

——E.N. 格雷（E.N.Gray）
《成功学研究》
（*The Study of Success*）

在本书中，此时此刻我想给你介绍一个很有趣的有关时间管理的演讲，是卡内基梅隆大学前教授兰迪·波许（Randy Pausch）做的。

波许教授所讲的故事相当切中要害。

40 岁时，波许教授已是三个幼小孩子的父亲。这时他得知自己患上了胰腺癌，而且没有多少日子了。在诊断书下达以后，他真的只活了 18 个月。在此期间，他写了一本畅销书《最后的讲演》（The Last Lecture）。他还在弗吉尼亚大学做了关于时间管理的讲座。

无论在他的书中，还是在他的演讲中，波许教授都谈到了选择。他阐明了一个观点，那就是：生命就是在彼此竞争的压力下不断的平衡——为今天而生活，为明天做牺牲。

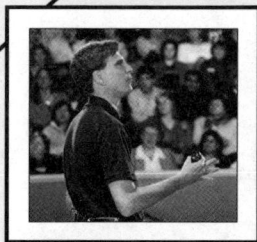

我想你可能会喜欢看波许教授有关时间管理的讲座。

如果你喜欢，请到 YouTube 视频网站，搜索关键词："弗吉尼亚大学，波许教授"。

好了，讲得够多了……我的手机在振动了，这意味着我该休息 15 分钟，去进行冥想了。我发现，我只要每天冥想 15 分钟，我的精力……还有我心底的宁静就会大大增加。

第三条

选择是困难的

我知道，想要每天找到 15 分钟的
时间进行冥想可能很困难。趁年轻的时
候努力工作的原因之一，就是在以后的
日子里，你可以随心所欲地过自己真正
想要的那种生活。

当我冥想的时候，你可能愿意花几分钟时间，去玩一个有趣的在线自我评估测试，该测试声称可以测出你是个什么样的时间管理者。

以下是链接：

www.literacynet.org/icans/chapter03/timemgmt.html

在冥想时，我用 CD 播放海浪的声音。我把 CD 播放时间定为 15 分钟。这样，当它结束的时候，我就知道该结束冥想了。如果我不那样做，我可能会一连几小时沉浸在冥想之中。

顺便说一句，在冥想时，我一般不戴眼罩。我觉得这对于那些不知道该如何利用时间，盲目虚度一生的人来说，戴眼罩真不亏是一个可爱的形象比喻。

哇……我感觉焕然一新！

而且，在我冥想的时候，一个念头在我的脑海中闪现出来。这样的事经常发生……这正是为什么要冥想的原因之一。通过净化杂音，你的头脑中会出现一片明净的天空，新的创意和想法在这里生成。

这个念头是：我不会让你为不知道你今生到底想要做什么而焦虑。

第三条
选择是困难的

对大多数人来说，目标设定只是确定一个大致的方向。人生往往一波三折，变幻无常，难以预测。尽管如此，通过不断地对自己的目标进行反思和适时的调整，你就更有可能让自己的生活沿着既定的日程向前进发——而不是随波逐流、听天由命。

"嘿，吉米小朋友，你今天过得好吗？我希望你不要浪费时间。不要任由生活摆布。你要做生活的主人！"

邮政

美国邮政

小吉姆的邮差

8岁的吉姆

"成功的秘诀是学会如何利用痛苦和快乐，而不是让痛苦和快乐利用你。做到这一点，你就控制了自己的人生！做不到，生活就控制了你。"

——托尼·罗宾斯
（Tony Robbins）

托尼·罗宾斯所言和波许教授以及我的邮差所讲的都是同一件事情。通过有意识的选择——在当下的满足与牺牲之间进行选择——你可以规划你的人生。而如果你不做出选择，你就只能任由其他力量主宰你的人生。

PART II

第二部分

让你所拥有的时间
发挥最大效用

到目前为止，我们的课程已经进行了一半。该来反思一下你利用时间的效率有多高了。

从此刻起，我们要讨论一些策略和技巧，以便使你尽可能有效地利用你的时间。

你充分利用了
你所拥有的时间吗？

现在我要打开手提电脑，使用大屏幕了。我已厌烦了在黑板上写字。黑板太落后了。

以下是我们今天课程第二部分的摘要。

高效地利用时间

A）你可以"创造"时间。
　　1）精力。
　　2）寻找时间空隙。
　　3）杜绝浪费时间。
B）拖延是大敌。
C）策略和技巧。
　　1）清理头脑和生活中的杂波。
　　2）规划。
　　　　a）计划清单的神奇魔力。
　　　　b）确定事项优先次序的力量。
　　3）集中精力的威力。
　　4）技巧。

在我们课程的下半部分，我们将要学习一些策略和技巧，真正的成功人士利用它们将每一小时的时光运用到极致。

我要讨论的第一个话题是：我们怎么才能在生活中创造出更多的时间。

正如你所见，我在屏幕上打出了："时间是有限的。"但是，请等一等。我不是刚刚说过有办法创造出时间吗？假如时间是有限的，这又怎么可能呢？我失去理智了吗？

嗯，也许吧。但我的观点是：尽管时间是有限的，我们还是可以采取一些方法，把没有成效的时间转变为富有成效的时间。这就如同找到了更多的时间……为自己"创造"出了时间。

时间是有限的

让我给你们举个例子。

这是我清晨被闹钟吵醒后的样子。半睡半醒，睡眼朦胧。没有人比我更喜欢赖床了。

但你知道吗？通过训练可以做到闹钟一响，立即下床，而不是像以前那样躺在床上，意犹未尽，我得到的额外时间是：每天 10 分钟乘以 365 天，或者说一年之中，我得到了额外的 60 小时。这等于说，一年中我几乎得到了 3 个额外的工作日！

好了，好了……我听到你在说什么了。你才不在乎能否一年多出 3 个额外的工作日呢！你宁愿每天早上在床上多睡 10 分钟。

我明白这一点！我并不是个"一贯的高效先生"，尽管我的孩子是这么认为的。休闲、娱乐和消遣对于幸福生活来说至关重要。我所关心的是：你意识到了你如何使用时间以及你所做出的选择。

好了，让我们继续讲下去。嘿！那东西怎么到这里来了？我妻子一定是在和我开玩笑。

嘿，让我把那东西拿掉……

Jim multi-tasking
10/5/09

请原谅我妻子的小玩笑。棍棒人就是不太知道害羞。我甚至不知道我现在是否赤身裸体。关于这个问题，棍棒人已经争论了很多年了。

匹配时间和精力

有效的时间管理不仅仅是寻找一天中的额外时间，还要将你的有效时间和你的有效精力匹配起来。

为了证明我的论点，我想借用 20 世纪美国著名作家格特鲁德·斯坦（Gertrude Stein）的一个警句。

斯坦女士写过一个有名的警句："玫瑰毕竟是玫瑰。"（"A rose is a rose."）她的观点是：无论你把某种东西称为什么，这种东西的本质是不会改变的。同一意思的另一种说法是："如果一种东西走路像鸭子，游泳像鸭子，叫声像鸭子，那它一定就是一只鸭子。"

玫瑰毕竟是玫瑰

我走路摇摇摆摆，
我游泳晃晃悠悠，
我叫声嘎嘎嘎嘎。
我一定是一只鸭子。

格特鲁德·斯坦和鸭子与时间管理有关系吗？嗯，它们的出现只是为了引出我们需要讨论的另一个概念：在你追求有效的时间管理的过程中，并非所有的时间都是相同的。

　　为了使你的每一小时都尽可能有效，你应该尝试在你感觉最清醒……也就是在你精力最充沛的时候去从事那些最艰巨的任务。我碰巧是只早起的"鸟"。凌晨 4 点我飞得最欢（请原谅我这个比喻）。此时是我写作的最佳时刻。然而，到大约晚上 10 点时，我却连话都不愿说，更别提写作了。

此时毕竟不同于彼时

这是我晚上 10 点时的样子。

与此相反，我的妻子却是个夜猫子。她讨厌在早晨工作。她夜深时工作效率最高。

为了提高工作效率，你必须把你的时间空档和精力匹配起来。

你还可以采取措施来优化你的能量水平。

这儿没有魔法……你必须每天坚持锻炼、健康饮食、多喝水，同时有节制地摄入咖啡因和酒精。

拥有一个健康的生活方式，不仅可以使你延长寿命，还可以提高你的日常工作能力，因为当你的能量等级处于一个较高水平时，你就将你没有成效的时间转化为富有成效的时间，从而创造出了更多的时间。

98, 99, 100...

这对于一名老家伙来说，已经很不错了，嗯？60 岁，做 100 个俯卧撑。我的目标是在 100 岁时，可以做 60 个俯卧撑！我的第一个目标：活到 100 岁。

　　你在什么时间感觉精力最充沛？要在你精力最充沛的时候，处理那些最棘手、最困难的工作。如此一来，你将最有可能在最短的时间内完成这些工作。这便是有效的时间管理。

目标：
年龄：100
俯卧撑：60

一些专家甚至提出：提高效率的关键不是时间，而是精力。这儿有一本有关时间和精力分析的极好的著作，你可能想读一下：

吉姆·罗尔（Jim Loehr）和托尼·施瓦兹（Tony Schwartz）所著《全情投入的力量：管理精力，而不是时间，是提高效能和自我更新的关键》（*The Power of Full Engagement: Managing Energy, Not Time, is the Key to High Performance and Personal Renewal*）（Free 出版社，2003）

好了，现在让我们来讨论另一个可以为我们创造时间的领域：空隙（Gap）。不，我说的不是那家商店。我所指的是空闲时间。也就是你在等待某事发生时的时间，在此期间，你处于空闲状态。

今天我们的课程结束后，我必须马上去看牙医。你可能不知道，我们棍棒人的痛阈值极低，所以我真的很讨厌牙科医生。

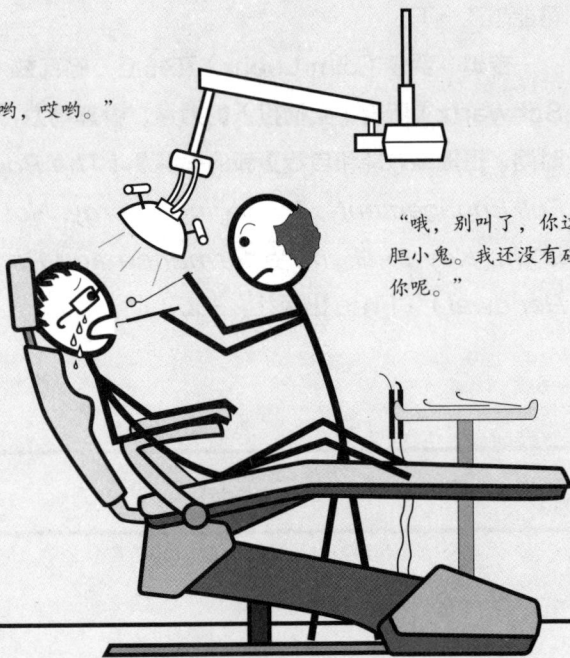

因为牙医知道我有点娇气，所以他给我用了很多麻醉药。10 分钟后，他才会开始给我治疗。在那 10 分钟里，我用我的黑莓手机做了很多事情。

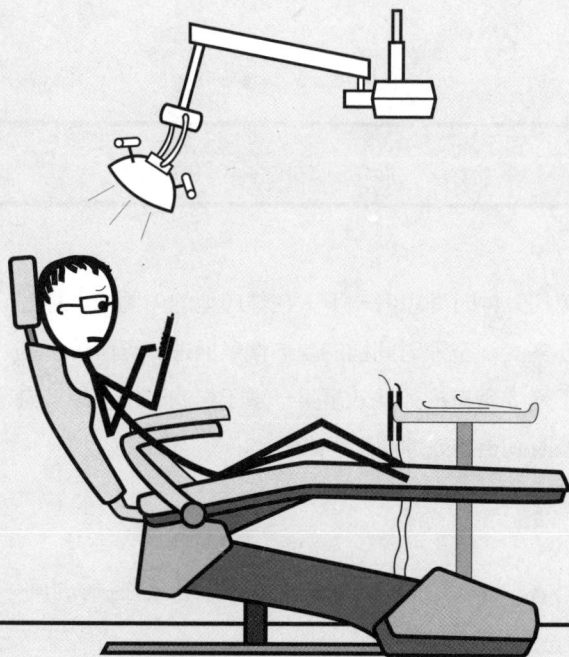

利用等待治疗的时间进行工作，仅仅是我举的一个例子。我们每个人每天都有很多空隙时间。只要有效利用这些空隙去做事情，我们就能够变非生产性时间为生产性时间，从而达到"创造"时间的目的。

请你花几分钟时间思考一下，在你典型的一周内，你的空隙时间有多少。空隙时间指的是你慢条斯理、无所事事的时间，而不是你富有成效地从事某一项工作的时间。想些办法，把这些时间更有效地利用起来吧。

空隙时间 如何更有效地利用这些空隙时间

1._____。 1._____。

2._____。 2._____。

3._____。 3._____。

有效的时间管理就是把对时间的浪费降到最低程度。你有没有发现，伟大的运动员动作都非常流畅。他们很少浪费动作或能量。

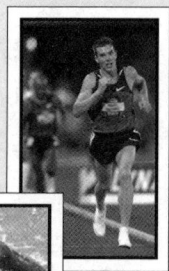

同样的道理，伟大的时间管理者在减少时间浪费方面，都是极其出色的。他们善于将效率融入他们的生活中去。以下三个例子可以用来说明他们是怎么做的：

1. 迅速决策——大量的时间浪费来自优柔寡断。一旦你掌握了你做决定所需要的事实，便迅速做出决定。

2. 快速阅读——关于这一点，我以后会详细论述。但这里有一个关键——无论读什么书（当然，本丛书除外），都不要逐字阅读。很多作家往往使用 10 个字来表达 5 个字就能说明白的事情。要学会只读那 5 个字。

3. 提高记忆能力。具有良好记忆能力的人，可以更高效地开展工作。

让我们花一两分钟来讨论一下记忆技巧。

如何提高你的记忆力

1

拓展智慧。我每天都做一个纵横字谜游戏。我发现这样做可以迫使自己提高能力，从而用不同的方式发现其中的单词和短语。而且它还可以锻炼我的记忆能力。我确信这样的练习有助于我的记忆。你可以做的字谜和游戏数不胜数。还有些人认为，电子游戏也可以增强记忆力。

> "科学家们正越来越多地研究视频游戏所带来的潜在好处。他们的研究揭示：大量的名目繁多的游戏都能通过改善想象力和记忆力，提高大脑的机能。"
>
> ——艾米丽·恩西斯（Emily Anthes）
> 《波士顿环球报》（*Boston Globe*）
> 2009 年 10 月

2

均衡食物和饮料摄入量。当你过多地摄入食物／或饮料时，您的血糖值达到最高水平……此后不久便会急剧下降。这便会导致你的能量损失，从而使你的记忆能力降低。通过每次就餐时少摄入一些食物／饮料，你就可以减少这种情况发生的可能性。

3

坚持体育锻炼。这向来是很重要的一条。体育锻炼可以增加血液向大脑的流动。有研究显示：运动能减少老年痴呆症发生的可能性。运动还具有镇静作用，可以减轻压力和安定情绪。

4

增加抗氧化剂摄入量。某些食物中含有抗氧化剂，如浆果、花椰菜和菠菜，似乎可以提高人的心理功能。具有同样功效的还有 Ω-3 脂肪酸（想想鱼肉）。我们不敢肯定地说，这些食物组合可以帮助你提高记忆力，但它们的确会让你更健康。因此，何乐而不为呢？

5

学习记忆技巧。我不善于记人名，因此，我便开发出一些小游戏来帮助我回忆人的名字。例如，当我第一次见到一个人时，我立即假想在他／她额头贴一张便利贴，上面写上他／她的名字。不知何故，看到写出来的名字对我很有帮助。

"见到你很高兴，你。"

6

创设关联语或歌谣。我的自行车锁密码是 42-32-10。我一直记不住它，直到有一天我编了个傻里傻气的关联语：

嗨，吉姆，你看上去不像 42 岁。你连 32 岁都不像，你看上去简直就像个 10 岁儿童！"

嗯，够傻的了吧，但我得承认，从某种程度上说，这的确能帮助我记忆。

7

获得充足的睡眠。有一条谚语说的是："疲劳能使所有人变成懦夫。"问题是：如果得不到很好的休息，我们就永远不会获得最佳的工作状态。对于精神生产力来说，也是如此。

8

集中精力。我相信，人们健忘的原因之一在于他们第一次听到一个事实，或看到一个人的时候，注意力不够集中……无论怎么说。当你读书读到重要的东西，需要记住时，要做笔记并集中精力。这样做会提高你的记忆能力。

9

把重要事实转换成一种可以帮助你记忆的形式。我一直致力于提高我的词汇量，在某种程度上说，也是提高记忆力——比如，在你需要用到某个词汇时，拿过来就用的能力。我的方法之一是：把生词及其定义写下来，然后用这个词造一个句子。写的行为能帮助我记忆。

10

不要太看重记忆技巧。有时，记忆力之所以成为问题，是因为我们过分强调了没有良好的记忆能力这一点。正如一个有关自我实现的预言所讲：我们总认为我们没有良好的记忆力，所以我们就特别紧张，结果，因为紧张，我们的记忆力变得更加糟糕了。事实上，你的记忆力比你所想象的要好得多。只不过你也许能够使它变得更好一点而已。

好了，关于记忆技巧，就讲到这里吧。到目前为止，我一定已经讲了一些非常重要的问题……但我不记得了……

我在耍你呢！我当然记得我的观点：通过利用一天中的空隙时间和减少不必要的浪费——像优柔寡断、阅读过缓和记忆力差——你就能让自己的效率获得令人难以置信的提高。

现在让我们来探讨一个
非常非常重要的问题

我感到特别舒适惬意。我宁愿坐在这里遐想一会儿。
我们可以改天再恢复我们的讲座。

不，这不是真的。
我不过是在阐述一个观
点，即时间管理的大敌
之一：拖延。

很多人都有良好的愿望。他们会告诉你，他们"总有一天"要去做什么。但"总有一天"却从未变成"今天"。这些人让他们的生命在拖延中白白流逝了。

"说得多不如做得多。"

——佚名

拖延源自一种非常强大的物理法则，人们称它为惯性。

惯性法则表明：一个静止的物体将保持静止，除非受到外力的作用。换句话说，物体——包括人——倾向于待在原地不动。为了实现向前移动，人们需要推动自己。惯性趋向于使所有的人保持原地不动。

惯性

我过去曾是个拖延大王。对于为什么不开始进行一个项目或一项任务，我总是能找到很好的理由来解释。

有时是项目太大，吓坏了我；有时是我不知道如何开始。而有时，我只不过是太懒惰了。事实上，我曾经非常赞许马克·吐温的建议：

"能拖到后天做的事就不要在明天做。"

接着有一天，我蟠然醒悟。我伤害的只是自己。没有人真的在乎我的日子是怎么过的……除了我自己。我意识到，如果我想为我的人生增添点光彩，我就必须停止为自己找借口。

拖延是梦想的杀手。

渐渐地，我开始强迫自己对惯性进行反击。我到达了自己生命的一个节点：我对回望过去遗憾地发现错失机会的恐惧战胜了我偷懒的冲动。

战胜拖延的策略：

1

在口袋里放一张纸片或索引卡，上面用粗体字写上你要达成的目标。那些擅长抵御拖延的人最能够将他们行动（或不行动）的结果与他们要达成的目标（或无目标）相互联系起来。通过随时而便利地提醒自己记住目标，你向着梦想前进的脚步就不太可能被延迟。

2

将大项目分解成易管理的小块。在面对一个巨大的项目时，我们大多数人都会被压得喘不过气来。我们会望着面前的高山，感到无能为力。通过把那个项目分解成小块，或者通过先向前迈一步（即使一小步），那座高山也会变得小一点，不再那么令人生畏了。

3

教会自己的头脑（意识）识别懒惰或拖延最初的蛛丝马迹。当我们疲倦或懒惰的时候，自己都能感觉得到。我们知道该做点什么来加以制止，但就是不愿意去做。当你第一次开始体验到这种感觉时，就应该立刻采取措施，加以制止。这是一种反拖延条件反射，是可以进行培养和强化的。

4

坚持通过某种方式做好笔记。你可以用手机（或旧式的便笺本和纸）来记录你的思想或观点。有时你可能没有机会开始某个项目，但你至少可以起草一份提纲，或者做一个表单，或只是胡乱写下一些思路。把这些想法以书面形式记录下来，这将有助于推动你以后有机会时，将其变成行动。

顺便说一句，关于惯性，也有一些好的方面：它实际上是两种自然力量。其一是倾向于使静止的物体保持不动，其二是使移动的物体继续移动。这意味着：一旦你击退了想待在原地不动的冲动，开始向前行进，这时，你将成为惯性的受益者。这就好像有一股风在背后吹着你向前走。

惯性也可以成为你的朋友。

关键在于：你能够战胜拖延。毕竟，拖延是你思想的产物。虽然你会在生活中遇到种种难以控制的困难和挑战，但抵抗拖延不在其列。

　　那些培养起强大的精神力量和心理坚忍来应对拖延以及每个人都可能面临的其他挑战的人，最有可能实现他们的梦想。

拖延是梦想的

杀手。

时间管理和心理坚忍携手并进。

那些培养起强大的精神力量的人更有可能：

（1）按时间表／计划行事；

（2）做出正确的选择；

（3）保持良好的注意力；且

（4）战胜拖延。

坚忍不拔的精神

是一种可以培养的技能。

我研究心理坚忍已经 25 年了。我不相信人生而有之……或者没有。相反，我认为它是一种技能，像任何其他技能一样，是可以培养的。

要着手培养坚忍不拔的精神，需了解以下三点：

1

你不是你的思想。相反，你是在更高的层次聆听你的思想。因此，你可以控制头脑中那些消极的思想——例如，拖延或者懒惰的想法。

艾克哈特·托利（Eckhart Tolle）在《当下的力量》（*The Power of Now*）中表达了以下观点：

"你可以采取的唯一最重要的一个步骤是学会不认同自己的思想。有时你可以对你心中的某些想法一笑了之，把它们当作少不更事的小孩子荒诞不经的恶作剧。"

2

跟任何其他东西一样，思想也是有形的物体。 拿破仑·希尔（Napoleon Hill）在《思考与致富》（*Think and Grow Rich*）（1936 年）中首先提出了这一观点。当你把一种思想想象为一个物体时，你就可以去控制它。你就可以把拖延的想法驱逐出你的头脑，就像你将一只行为不端的猫赶出家门一样。

3

你的大脑一次只能处理一个主导思想。 当你发现一个念头，比如，一个消极的冲动偷偷溜进你的脑海里时，你要学会转移思想——将思想转变为强大的积极形象或想法。将注意力集中在积极想法上后，消极的想法会被取而代之，而你的大脑也会因此失去其消极的态度。

现在让我们来到关于时间管理的一个零星片段……我想讲一些具体观点，以便让你用一种尽可能强大有效的方式充分利用你的每一小时。

首先，也是最重要的，我想谈谈杂乱不堪……是的，杂乱不堪。杂乱不堪是高效的大敌。

杂乱不堪是大敌。

这是我的车库过去的模样。它完全是杂乱不堪的。在我需要的时候，我什么东西都找不到。那时我还没听说过这句话：

"物应各有其所，亦应各在其所。"

101

后来有一天，我的妻子给我提了一个建议。她告诉我，再不打扫车库，她就不理我了。所以我才对车库进行了清理。

你知道吗？我的妻子帮了我一个大忙。仅仅通过清除所有的垃圾，我的车库有了更多的功能。我可以用它进行体育锻炼和冥想。我能找到以前存放在那里的物品。我还可以在这里讲课。

车库的例子不过是一个比喻。在生活中，我们都存在物品上和心理上的杂乱。它可能在你的车库里，在你的书桌上，或者在你的思想中——总感觉有太多的事情要做，又无能为力。无论在何种情况下，只要你进行清理和组织，就可以使思想得以解放。

103

时间管理专家告诉我们，杂乱对于生产力来说，是具有破坏性的。

杂乱会引起情绪紧张。

杂乱会导致无所作为。

杂乱会降低效率。

大多数人的大脑就像一个自动售货机。你把几枚硬币投进去，然后就会有一些东西掉出来。

时间管理专家建议：通过发展有形系统去处理和保留我们需要做的事情，我们就可以让大脑进行休息。它不必再挣扎着去应对所有接收进来的刺激，或者记住你需要完成的每一件事。

"你意识的短期记忆部分——即用于保存所有不完整的、未决的，以及无条理的'东西'的部分——其功能就像一台个人电脑的内存。内存的容量是有限的，你所能存储在那里的'东西'就只有这么多，而且仍要保持高效运转。大多数人的内存都超负荷运转。他们总是感到心烦意乱，他们的注意力总是受到内在心理负荷过重的影响而无法集中。"

——戴维·艾伦（David Allen）
《搞定：无压工作的艺术》
（*Getting Things Done: The Art of Stress-Free Productivity*）
（企鹅出版社，2001年版）

106

以上引文摘录自戴维·艾伦的著作，他是美国时间管理和生产力领域最出色的思想家之一。

艾伦提出，通过培养良好的技巧和建立信息收集和储存机制，我们能够培养出一颗"似水之心"。

一颗"似水之心"？

似水之心。

艾伦建议你要有一颗"似水之心"，意思是让你的思想避免因受到杂波的干扰而凌乱不堪。想一下在一个美丽的阳光明媚的日子里，平静的湖面是什么样子的吧！没有涟漪，没有风浪，一派祥和宁静的气氛。通过建立信息加工和存储机制，你的思想便获得了自由，从而可以发挥其分析和创造等重要功能。

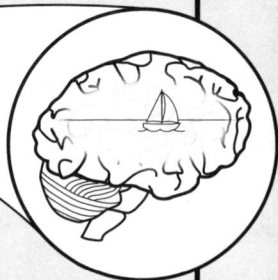

以下是我关于有效时间管理的最重要技巧的总结，摘录自戴维·艾伦的光辉著作《搞定：无压工作的艺术》：

1

使你的工作区域更具有吸引力，并配备你工作所需要的一切。你应该让自己喜欢待在你的工作区域。你想要和所需要的每一件物品都应该近在咫尺，随手可用。

2

创建一个档案系统。把所有有关某一特定主题的材料放在同一个地方（文件夹内），这是向更好的时间管理和组织迈出的一大步。

3

创建一个清单，把你所需关注的一切事情书写或者打上去。因为想要记住的东西太多，你的大脑变得凌乱不堪。问题的关键是把这些东西从你的脑海里释放出来，并把它们写在纸上。

4

及时处理每一项任务。对于每一份文件，每一封电子邮件，每一个文本或语音信息，在第一次看到或听到它们的时候，尽可能地立即对它们进行处理。不把任何东西"留到以后"。

5

在以下三个选项中给每一项工作选择一项。做出以下决定：（1）立即采取行动；（2）撇开或放弃；（3）将其纳入以后采取进一步行动的清单。

6

将想法转变为行动步骤。不要在你的清单上写"考虑一下这个问题"或"分析一下那个问题"。要把具体行动步骤写下来，而不是仅仅"考虑一下"。要写下你具体将要怎么做（例如）："（1）阅读关于 _____ 的文章;（2）跟比尔谈一谈有关 _____ 的问题;（3）做出关于 _____ 的决定。"

7

一旦决定了行动步骤，如果可能的话，要马上采取行

动。对于任何能在两分钟或更少的时间内采取行动的事情，你要立即去做。

8

保持良好的"提醒"系统。只要是能提醒你何时该做何事的任何可靠的方法，都可以采用。

9

每周对你的存储和生产率系统进行检查。看看你的系统是否工作正常？你是否还因需要记住太多的东西而感到不堪重负？并根据需要进行调整。

10

至少每个月一次对你的长期目标进行重温。你是否总是能够做出正确的选择，让自己一步步向长期目标迈进？或者你是否在停滞不前？要确保你是在朝着正确的方向前进！

111

通过清理自己的头脑，美好的事情就会发生。从上个月开始，我就在航海度假。远离了会议、手机、电脑和其他日常杂务，我感到精力充沛，工作富有成效。我每天早上写作，而且我对我所写的内容非常满意。

这是昨晚晚饭后的我。正如你所见，我想一下子做很多事情。这是另一种形式的杂波干扰——即想在很少的时间或空间内做太多的工作。

有时，时间和效率是违反直觉的。很多时候，想着少做一些，却能完成更多。请记住这个观点，因为我们以后还会对此加以论述。但在此之前，我想先讨论一下一个新话题——计划。

计划，简单地说，就是提前决定在某一给定的时期内，你要做的具体事情是什么。

许多人都不喜欢做计划。我们生活在这样一个充满行动的社会，以至于我们每日总是忙忙碌碌，很少有时间停下来思考一下我们正在做什么……以及我们为何而做。

也许你已听说过这个带点儿幽默的表述：预备，开火，瞄准。这很好地描述了我们当中许多人的生活状态。

预备，开火，瞄准

预备、开火、瞄准的问题当然在于：在目标未确定之前，就把精力用在了"射击"上。那不是正确的做法。

与此相反，我们的目标应该是：通过提前考虑好我们希望在何时何地该如何采取行动：来尽可能有效地使用我们的能量。

这就意味着要做好计划！

每一个小时的计划抵得上五个小时的执行。

你每天至少应该花 10 分钟时间，来规划你这一天该如何度过。如果你是一个夜猫子，那就在前一天晚上做好计划。如果你是一个惯于早起的人，那就在早晨进行。

问自己一些类似这样的问题：

今天我想要完成哪些工作？

我有多少时间可以用来完成这些工作？

我可以将某些对我来说不很重要的工作放到其他时间去做吗？

在我需要完成的工作之间存在逻辑顺序吗？

只需对所要做的工作和你将如何完成这些工作进行 10 分钟的思考，你就能大幅度提高实现你所想达成之事的概率。

关于做好每一天的计划，有一个新词你可能没有听说过……给我一秒让我把它打出来。

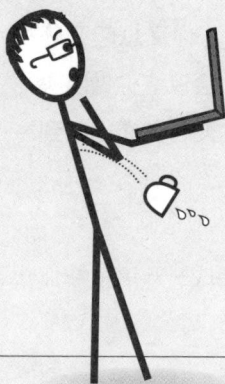

哇！

棒极了
（BITCHING）

分批处理
（BATCHING）

对不起，我按错键了。

那么，分批处理是什么意思呢？许多效率专家建议，在你计划每一天的工作时，你可以把在同一时间或同一地点或用同一种方式做的事情集中在一起去完成。

例如，假如说你不得不开车到城里去完成任务 X，而你本来打算在午餐时间做那件事，但是，当你开始计划这一天的工作时，你想起，当天晚些时候你需要到城里去完成任务 Y。而且当你考虑去做任务 X 和任务 Y 时，你又想起了任务 Z——也即 2 天以后你将到城里参加一个会议。你做出决定：任务 X 和任务 Y 可以先等一等，到 2 天后在你出差到城里时，一起完成任务 X、Y 和 Z。

你已经把三件事集中于一次出差中去完成——这就帮你节约了很多时间。

作为计划的一部分，分批处理的要点就是想办法将多件事情放在一起去完成，而不是单独去完成每一件事情，以此来节约你的时间。

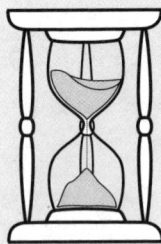

计划的近亲是准备。

托马斯·爱迪生说："成功就是90％的汗水，加上10％的灵感。"我想变一个说法："成功是75％的汗水、15％的准备加上10％的灵感。"

大屏幕上这句祷文是我用来提醒自己做准备的重要性的。

通过提前进行思考和做好准备，你就很有可能减少为完成摆在你面前的任何任务所要付出的努力。用伐木做一个比喻——通过提前将斧头磨锋利，你在伐木的时候就会省下很多力气。

充分准备可以让你减少你所要付出的汗水。

有时我甚至会为重要的会见或电话做准备。我知道，在会议上或通话过程中，我用来影响别人的时间是有限的。因此，我想尽可能有效地利用这些时间，所以我必须提前决定在会议上或电话中我想要阐明的要点。

　　通过这种方法，我就可以尽可能地把自己的会议或电话会谈变得富有成效。

　　就在几天前，我甚至还为一次"偶然"相遇做了准备。

　　我知道，我一直想拜访的人的办公室就在我将要去的办公室套房内，在这里，我对他的作息时间表有个大概了解。我的目标是试图找到一个办法与他"不期而遇"，并和他交谈五分钟。

　　于是，我便对如何与他"不期而遇"做了精心准备。我想好了在我遇到他时该怎么说，当然还有如果他答应抽出时间与我交谈的话，我应该怎么利用好那五分钟的时间。

果不其然，我很幸运。我成功地与他相遇了，而他也很友善地给了我五分钟时间。

因为我做了充分准备，所以我⁺分有效地把我的建议向他做了陈述。时间将会告诉你他将做何反应，但不管怎样——通过做好准备——我把事情向前推进了一步。

重要人物

就像生活中的大多数事情一样，过分计划也会让事情走向反面。

爱因斯坦曾说过："无为必将无获。"

有些人过分沉迷于计划过程。他们总是分析来分析去，因为分析比实际做决定更容易。有时，分析过程掩盖了对采取行动的恐惧。在某一时点，你必须采取行动，或至少做个决定，认为采取行动是不正确的，然后继续你的生活。

分析系统瘫痪

"花时间去思考，但当行动的时机到来时，要停止思考，开始进攻。"

——拿破仑·波拿巴
（Napoleon Bonaparte）

下面我们要讨论一个非常重要的话题：

任务清单

体现你所有的计划和准备的实物产品是任务清单。

我恳请你：请着手制作任务清单吧！

你还记得大卫·艾伦的"似水之心"的观点吗？他坚持认为：你的内心越平静，你的工作效率就越高。他提出，培养平静内心的一个方法是建立信息收集和处理系统。

这就是任务清单的作用。它就是一个系统，通过它，你可以将你在前进道路上需要记住的每一件事集中在一起进行管理。

创建任务清单的方法有很多种。我每天早上一起床就做任务清单。因为清单中的很多任务是前一天留下来的，所以我不需要每天都起草一个全新的清单。我会回顾一下前一天的清单，加以修改作为当天的清单。

　　许多人用笔和纸来创建任务清单。还有一些人使用手机记事本。

　　重要的是你参与了这样一个过程：确认每一天你所要做的事情是什么，以及你将如何和何时去做每一件事。

131

"每一个有效的执行源自每日任务清单。它是迄今为止所发现的用于提高生产率的最强有力的工具。

当你创建每日任务清单时，你开始写下自己在一天的过程中想要完成的每一项任务。其规律是：在你开始使用任务清单的头一天，你的工作效率将会提高 25%。这就意味着，在每一个八小时的工作日里，你将额外获得两小时的工作时间……同其他时间管理工具相比，通过使用任务清单，你可以更快地摆脱繁杂，理清头绪。"

——博恩·崔西（Brian Tracy）
《时间的力量：一种可以让你完成更多任务的成熟机制》
（*Time Power: A Proven Systemfor Getting More Done*）

1. 组织效率
2. 减轻压力
3. 重审目标和优先事项
4. 创造力

制作任务清单的理由有很多：

首先，通过强迫自己制作任务清单，你便对你 的时间进行了组织。你必须统筹考虑你需要完成的一切，并把它们写下来。通过考虑该做什么和不该做什么，为你的每一天创建一个时间框架。

第二，制作任务清单的一个很重要的原因是这能帮你减轻压力。产生压力的原因之一是因为你担心有些事情你可能会忘记去做。当你对每一天的工作做好了安排，你的压力可能会减轻，因为你可以直观地看到每一天的工作安排——而不必再努力抓住那些飘浮在脑海中的任务。

第三，制作任务清单需要你考虑该如何使用你的时间以及为何这样使用。你当然还会记得我们讨论过的关于目标和选择的问题。制作任务清单就是对目标设定和决策选择所进行的一项日常练习。

　　第四，制作任务清单实际上可以是很有趣的。姑且把它当成创作一部微型小说，其中主要人物就是你自己。你所列出的工作就是一项创意策划的执行——因为主题是你，所以你的创造性才能会得到升华。你永远也不会知道，在单纯的制作任务清单的执行过程中，会迸发出什么样的想法或观点。

1
3
4

102

我妻子以为，我对体育运动可能有点儿着迷。我只是发现，在你考虑去做任务清单的时候，我可以把这段空闲时间利用起来。

嘘……好了，现在我想把一个新的概念引入我们的以"P"字母开头的词汇中去。还有另一个"P"词汇是准备和计划不可或缺的一部分。

想猜猜它是什么吗？

我猜它是……确定优先次序（prioritizing）。

是的！你猜对了！
这正是我们需要讨论的
下一个重要概念。

每个人都有一大堆事情要做。确定优先次序意味着在所有事项中进行选择，并确认我们应该先做什么，再做什么，接着做什么……等等。

很多著名的思想家都谈到过确定优先次序这一话题。我最喜欢的是斯蒂芬·柯维（Stephen Covey），他写了一本书，叫《高效能人士的七个习惯》（*The 7 Habits of Highly Effective People*）。

然而，在我们谈及柯维关于确定优先次序的观点之前，先让我们看一下我从他的著作中学到的最重要的东西是什么。

柯维教导我们：成功不是一个偶然事件。更确切地说，成功就在于不断地做那些最有可能带来你所希望的结果的事。

成功人士通过培养积极的生活方式和习惯……或者说，通过创造有助于产生良好效果的行为模式，来增加他们实现自己所想要达成的目标的概率。

让我给你举一个较为简单的例子。

我过去在家里总是找不到车钥匙。这是由于我在翻衣服口袋时，人在哪里，就把车钥匙丢在哪里。但有时第二天，我就忘记把它放在何处了。

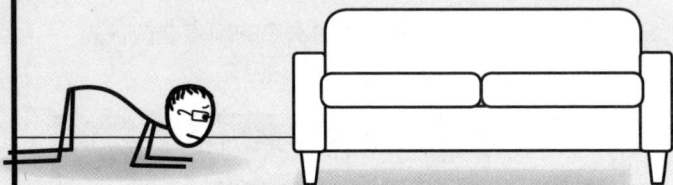

后来有一天，我决定，在家里清理衣服口袋时，无论我身在何处，我总是把车钥匙放在我卧室的梳妆台上。就这么一个小小的举动，一个生活习惯，就为我节省了大量的时间和精力，因为从此我不必再浪费时间去找车钥匙了。

也许我这个车钥匙的例子有点缺乏想象力，但是整个观点却是真实可靠的。一旦我们建立起良好的日常行为规范，我们就做到了以下两件事：

　　1. 减少了不必要的行为（如花时间去寻找车钥匙）。

　　2. 通过减少思考，从而保存了能量。比如，我尝试在每星期相同的时间进行体育锻炼，并锻炼相同的次数。通过将运动时间和次数固定下来，我就不用再浪费精力去考虑自己是否（或什么时候）应当去运动了。我的运动项目成为我每周的常规活动，就像刷牙一样。

几天前，我读了下面这则谜语。你不妨也来试一试。

"我们是你忠实的伴侣，我们是你最好的助手或最重的负担。

我们完全听从你的命令。你可以把一半的事情移交给我们，我们将能够迅速和正确地把它们做完。

我们易于管理，但是你必须对我们严格要求。

教给我们你到底想怎么做事情，那么，几堂课后，我们就会自动运行。

我们是所有伟大男士和女士的仆人——同时也是所有失败者的奴仆。

我们不是机器，虽然我们同机器一样精准地工作。

你驾驭我们的成果可能是利润，也可能是毁灭——这对我们来说毫无区别。

训练我们吧，严格要求我们吧，我们将协助你征服世界。让我们放任自流，我们会将你毁灭。

我们是什么？？？"

143

习 惯

好了，现在来谈一下柯维关于确定优先次序的观点。

柯维认为：太多的人根据反应确定优先次序——去做那些迫在眉睫的工作——而不是根据主动性来确定优先次序——去做那些重要的事情。

柯维用象限来阐述他的观点。

柯维建议，当你制作任务清单时，把每项任务归于以下四个象限之一：

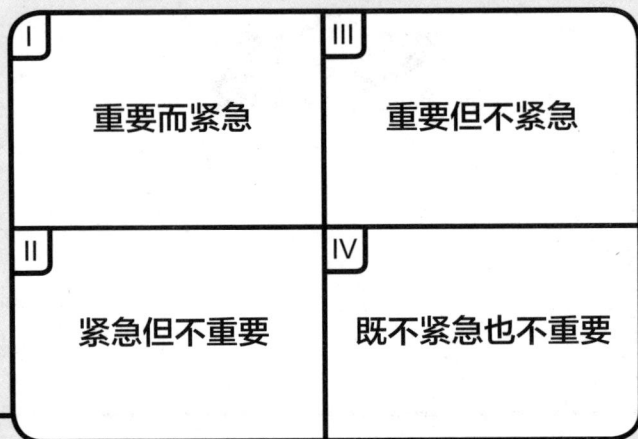

I 重要而紧急	**III** 重要但不紧急
II 紧急但不重要	**IV** 既不紧急也不重要

然后，他建议你确定优先次序。
但问题是：

你将按照什么顺序来完成不同象限中的工作？

答案是：

首先，你要做的当然是象限 1 中的内容——即那些重要而且紧急的项目。

下一个应该是什么很有意思……柯维说，下一个象限应该是象限 3——那个重要但不紧急的象限。

下一个要处理的应该是象限 2——那个紧急但不重要的象限。

最后当然是象限 4——也就是那个既不紧急也不重要的象限。

回顾

1. 在制作任务清单时，我们总是需要在紧急项目和重要项目之间进行平衡，在可能的情况下，要把重要项目放在紧急项目之前。

2. 成功的时间管理需要主动性而不是反应。我们都倾向于早晨起来并开始反应——检查电子邮件、语音信息或处理那些在一夜之间冒出来的问题。相反，我们应该主动——采取那些能让我们向前推进、使我们更加接近自己的理想和目标的行动步骤。

前瞻性人士和反应性人士之间在效能上的差异无异于白天……和黑夜。

　　有几种不同的方法可以帮你对自己任务清单中的项目确定优先次序。

　　我个人曾受到艾伦·拉金于 1973 年写的《如何管理你的时间和生活》一书的影响。在这部优秀著作中，作者建议：在每一天的开始，你要思考你所需要完成的项目，并对每一个项目按 A、B、C 分级。然后，当新的一天开始时，你首先要去完成 A 级项目，然后 B 级项目，然后 C 级项目。有时，你可能无法顾及 B 级和 C 级项目。

以下是我今天的任务清单：

准备时间管理讲座   A
打电话预约牙医   B
购买打印机纸张   B
买新跑鞋   C
给本丛书的评论者写感谢信   B
重写 25 页关于企业家精神的丛书内容   A
打电话给约翰讨论周末计划   C

首先，也是最重要的是，我要准备今天的讲座，以便保证这一个小时的讲座能让你觉得既富有成效又妙趣横生。然后我想为我的下一本书再写 25 页。

或许我不能顾及所有的 B 级和 C 级项目，但只要我尽我所能，用足够的时间去完成了所有的 A 级项目，那就不错了。

"我要尽可能地强调：你必须确定优先要做的事情。有些人尽可能多地去做他们任务清单上的项目。他们把大部分项目都做完了，但有效性却很低，因为他们所做的大多是 C 级项目。有些人喜欢从任务清单的第一条开始做，然后依次向下，这同样没有对那些重要项目给予重视。最好的方法是在你的任务清单上按 A、B、C 优先级给每个项目进行标注……然后按照这个次序去完成你的任务清单。"

——阿兰·拉金（Alan Lakein）
《如何管理你的时间和生活》
（*How to Get Control of Your Time and Your Life*）
（Signet 出版社，1973 年版）

153

我喜欢的另一位作家博恩·崔西写了一本书，书名叫《吃掉那只青蛙》（*Eat That Frog！*）。他在书中指出：在你决定要做什么，并对其进行排序的时候，你首先要解决那些最难办的项目。

　　"马克·吐温曾经说过，如果你每天早上必须做的第一件事是吃掉一只活青蛙，那么，你这一整天都会感到满足，因为你已经知道这可能是你这一天中即将发生的最糟糕的一件事情了。

　　（我的）吃青蛙的原则是：如果你必须吃掉两只青蛙，那么，你要先吃较丑的那一只。

　　这也就是说，如果你面前有两项重要的任务要完成，那么，你要先从那个最大、最困难而且最重要的任务开始做起。要督促自己马上开始，然后一直坚持，直到任务完成，你再去做其他的事情。"

"吃掉那只青蛙？"那么，"要想找到你的王子，你必须吻很多只青蛙"又是怎么回事呢？那才是人们应该采取的青蛙友好型策略。

当然，对于所有这些确定优先次序的不同方式，都是说起来容易做起来难。有时紧急的胜过重要的。有时 C 任务必须在 A 任务之前得到解决。而有些人在不得不首先解决他们最难办的项目方面做得不是很好——他们需要先做完这天所有更容易做的项目之后，才能下决心去处理那些真正困难的任务。

确定优先次序迫使你做出选择。俗话说："会哭的孩子有奶吃"，意思是，有时那些反应最快和噪声最大的人或事务会得到更多的关注。在进行优先次序排列的时候，你不能让那些发出"刺耳的噪声"的任务或项目来干扰你的注意力。你一定要经过深思熟虑，谨慎地决定哪些行为会使你更加接近你的目标，并首先去做那些事情。

还有一个同确定优先次序相类似的概念，叫作提高效率（streamlining）。

提高效率指的是通过少做工作去完成更多的任务。倡导提高效率的人名叫利奥·巴伯塔（Leo Babauta）。巴伯塔认为，完成一个目标最好的方法是专注于这个目标，直到将它完成。并且，只有到那时，才开始向你的下一个目标进发。

"从来没有哪一个时代像今天这样，我们要面对如此之多的信息和任务，有堆积如山的电子邮件和资料要去阅读，需要去应对生活中不可思议的要求所带给我们的压力。

我是简约的坚定信仰者……通过少做，而不是多做，去获得更多的成就，原因是我所做的选择。可以把简约归结为两个步骤：①确定要点。②排除其他。

我将我所有的精力和注意力集中在某一个挑战上，障碍则必将会被扫除。我宁可一次只专注于一个目标……而不是试图同时去完成所有的事情。"

——里奥·巴伯塔（Leo Babauta）

《少的力量》（*The Power of Less*）

（Hyperion 出版社，2009 年版）

里奥·巴伯塔有一个观点。有时，当我们想要做太多事情的时候，反而可能比我们平时所完成的事情要少。

"欲速则不达。贪多嚼不烂。"
——佚名

还记得我尝试收拾餐桌的那张照片吗？就在那张照片拍摄 10 秒钟后，我花了 20 分钟来清理厨房的地板。

无论是谈及确定优先次序，还是提高效率，这个教训是你要吸取的：注意不要用忙碌来取代效率。

每次，富有成效都
会战胜忙忙碌碌。

瞧瞧屏幕上方那个人。他的名字叫蒂莫西·费里斯（Timothy Ferriss）。他写了一本优秀的著作《每周工作四小时》（*The 4-Hour Work Week*）。

在这本书里，费里斯强调的一点是：太多的人混淆了有大量的工作要做和去做那些使你更接近你的目标（效果）的事情之间的区别。

"从最严格的意义上讲，你不应该每一天尝试去做很多的事情，你不应该试图用某种让人坐立不安的工作去填满你的每一秒钟。我花了很长时间才明白这一点。我以前很喜欢那种以工作量来计算成果的方法。

其意图……在于提高个人生产率。"

《每周工作四小时》

费瑞斯指出了忙碌和效率之间的重要区别。

费瑞斯指出：那些整天忙忙碌碌的人——忙完一个活动又忙另一个——事实上可能是以牺牲有效性为代价而维持其忙碌状态的。你的目标就是富有成效——即你所做的事情必须能够让你更加接近你的目标。

关于忙碌的最后一个观点：在大部分人的生活中，有些时侯，忙碌不过是一个避难所。通过使自己处于忙碌状态，我们就"找不到"空闲时间去对那些困难的抉择进行反思。例如，我们可能知道我们需要改变自己所处的状态，然而，我们却通过使自己忙碌起来，从而避免做出艰难的抉择。我知道我有时会那样做。

你可以想想下面这句话。

忙碌使你没有时间进行自我反思

好，现在让我们接着讨论有关时间管理和
个人效能的另一个非常重要的规则：

二八定律

二八定律的重要性
不亚于黄金法则

　　对生产率和时间管理专家而言，它的重要性可能等同于黄金法则。

　　二八定律的含义如下：

你的 80% 的成就来自于你的 20% 的行为。

让我来解释一下。

　　许多不同领域的人们都明白，他们所取得的 80% 的成就通常来自于他们约 20% 的行为。比如说，销售人员知道，他们 80% 的收入往往来自于他们 20% 的客户。投资者知道，他们 80% 的收益来自于他们 20% 的投资。如此等等。

　　问题的关键——也就是这一定律富有挑战性的地方——即如何确切地知道，到底你的哪些行为和努力是关键的 20%，从而使你获得了巨大的成功。

二八定律是由一名叫帕累托（Pareto）的经济学家在1906 年首次发现的。一天，帕累托在照料他的菜园时意识到，他的 80% 的可食用蔬菜只来自于约 20% 的植物。因此，他把更多的精力集中在照顾那些高产植物上，因而他菜园的蔬菜产量得以大幅度提高。

他并没有付出额外的劳动：他只是减少了照顾那些低产植物所用的能量，转而将这些能量用在了照顾那些高产的植物上。

这就是为什么二八定律如此重要。它不需要你付出更多的劳动。它只是让你更聪明地工作。

有人问我，该如何将二八定律应用到他们的生活中去。我是这样回答的：

告诉我你的一个目标。

告诉我为了达到这个目标，你正在做的 5 件事情。

这 5 件事情中，哪一件最有可能帮你达成这个目标？

那么，在这件事情上，你应该投入最大的精力和注意力。

换句话说，如果你正从一个或两个活动（"20%"）中获得大部分成果（"80%"），那么，这一两个活动就是你应该集中精力去做的。请注意，实际的比值并没有多大关系。真正重要的是概念：一些活动会比另一些活动带来更大的回报；因此，要把大部分精力投入到那些真正能够给你带来"最大利益"的项目上去。

好了，让我们休息一下好吗？
现在是玩笑时间。

一位父亲去看望他上大学的儿子。他吃惊地发现，自己儿子的宿舍里没有时钟或其他看得见的时间记录器。

父亲："儿子，你的宿舍里为什么没有时钟？"

儿子："当然有啊，爸爸。那不就在墙上挂着吗！"

Sports!

"那是一个会说话的钟，爸爸。昨晚我刚在墙上敲了几下，隔壁房间里的女孩就尖叫看回应道：'敲什么……现在是凌晨2点'"

???

运动！

"你在说什么呢？我没看到墙上有什么东西。"

很有趣，是吧？

我们棍棒人难以在形体上令人印象深刻，所以我们必须特别聪明。

好了，现在让我们来讨论另一个非常重要的话题——集中精力。

如果你想让你每一个空闲的时刻都获得充分的利用，你必须学会如何集中注意力——即通过训练在同一时间只将你的思维专注于某一件事情上，来强化你的思想的力量。

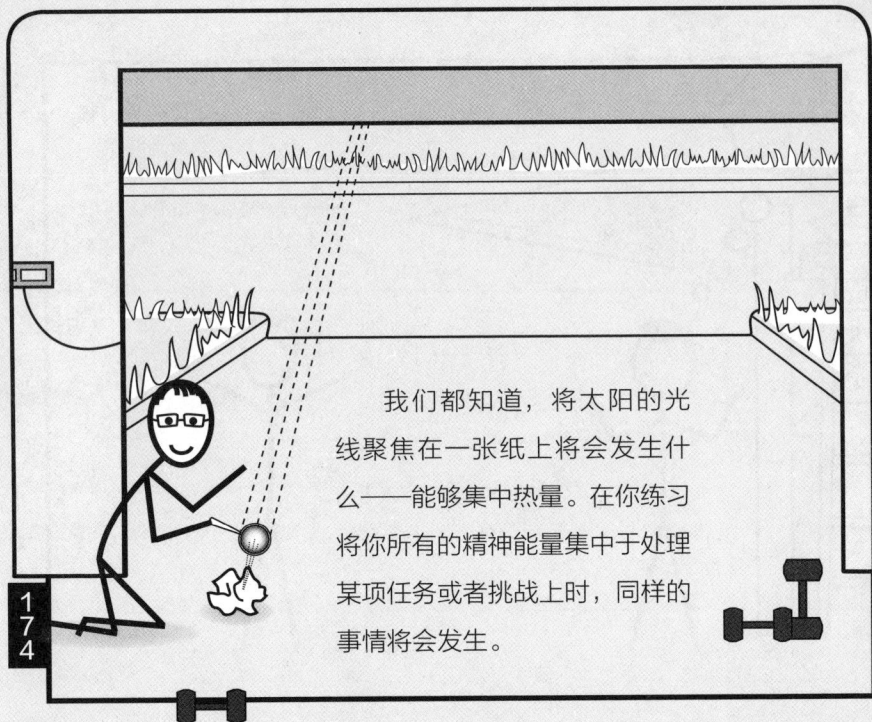

我们都知道，将太阳的光线聚焦在一张纸上将会发生什么——能够集中热量。在你练习将你所有的精神能量集中于处理某项任务或者挑战上时，同样的事情将会发生。

在过去几年里，我观察了很多成功人士，当他们集中注意力的时候，他们会非常非常地专心致志。不管他们正在做的是什么，他们都会把所有创造性的精力投入到这件事情上……然后他们……呃噢……哦不……

专注……专注……专注

嗯，这真让人
尴尬！！

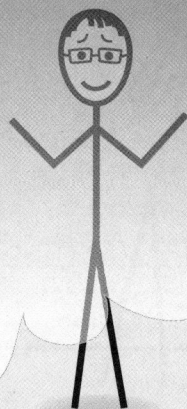

还好，没有造成损失……只是冒了点儿烟。对于这一点，我感到很抱歉。但事实上，我的这个小事故对我们讨论集中注意力这一话题来讲，却不失为一个很好的引子。随着时间的推移，当你培养出专注的能力，你会发现你再也听不到类似警报和狗吠这样的噪声。你已经把注意力训练得如此集中，以至于你可以对身边的声音充耳不闻，对身边的事熟视无睹。这一切总的来说都好，只是不要让你的房子着火。

如果你想从集中注意力上得到好处，你就必须排除那些让你分心的事——也就是那些可能使你注意力分散的干扰因素。你必须把你所有的精神能量专注于你正在进行的某项任务或挑战上面。

在生活中，可能导致你分心的潜在因素数不胜数。一个可能的分心因素是人。有人想发电子邮件或短信给你，有人想给你打电话，或推销点什么东西给你，或想跟你见个面。除了他人之外，集中注意力最大的潜在障碍恰恰就是你自己——即在有无数其他很酷的事情等着你去做的时候，你无法让自己专心于某一件事情。

"走路的时候，走路。
吃饭的时候，吃饭。"
——禅宗谚语

想在工作时集中注意力吗？

那么，你就减少分心，排除干扰吧！以下是一些建议：

对于分心因素：

1. 远离互联网。

2. 关掉手机。

3. 关闭所有电子邮件提示。

4. 拔掉电视机插头。

5. 将一切电子产品（如视频游戏）移出工作区域。

对于干扰因素：

1. 如有可能，在工作时把房门关上。

2. 如果不可能，而且周围有其他人，那么你便：

A）戴一顶棒球帽，将帽舌下拉，表现出不友善的样子，

B）避免同经过的人进行目光接触，

C）戴耳机（即使什么都不播放），并且

D）把一盒面巾纸放在身边，把其中几张弄得皱巴巴的放在近旁，表明你感冒了。

如此等等。

分心和干扰
是专注的大敌。

182

131

我的一个朋友在附近一间办公室工作，他在闲得无聊时会来拜访我。

当我没有心情跟他聊天时，我会试图向他暗示，但是他不明白我的意思。

最近，我变得更加直接了。当我忙碌时，如果他进来玩，我就从办公室里走出去。他随后跟出去。接着我来一个快速掉头，并把门关上。

我当然不是有意要冒犯我的朋友。但有时为了保护自己专注的能力，你需要拒绝一些私自打扰。任何在你正在忙碌时分散你的注意力的人都应该懂得，要等你不忙时再来找你。

当你同时处理多个任务时，别以为你能够专心致志。

关于同时处理多个任务，让我说得更清楚些：当你试图在同一时间做不止一件事情时，你便削弱了你正在做的每一件事情的有效性。那些一心二用，并认为每一件事他们都能做好的人，不过是在自欺欺人而已。

不要同时处理多个任务，
那是自欺欺人。

"即使你的大脑一次能够容纳几大组信息群，你也难以在同一时间对多个信息群进行意识清晰的处理——却不产生不良影响……尽管从生理角度来说，有时一次能够从事几种不同的脑力劳动，但其精确度和效果将很快会大打折扣。

科学家哈罗德·帕施勒（Harold Pashler）表示：当人们同时在做两种认知任务时，他们的认知能力可能会从哈佛 MBA 的水平下降至一名八岁儿童。这种现象被称为双重任务干扰……教训很清楚：如果准确性很重要，那么，就不要分散你的注意力。"

——戴维·洛克（David Rock）
《你的大脑在工作》（*Your Brain at Work*）
（哈珀·柯林斯出版社，2009 年版）

187

多重任务执行者是在用混乱代替专注。而那是一种耻辱，因为当你真的将你全部的创造力和个人能量集中在一个任务——且只此一个任务上时——你可以取得的成就将会是没有极限的。

让我给你举些例子，看看在令人难以置信的短暂时间内——当人们用所有的精力去应对摆在面前的挑战时——他们取得的成就。

1

帕勃洛·毕加索（Pablo Picasso）在不到两个月的时间内画出了他最著名的作品《格尔尼卡》（Guernica）。这一伟大作品是第二次世界大战期间，毕加索在其家乡，西班牙的格尔尼卡遭受轰炸之后，获得灵感进行创作的。

2

西尔维斯特·史泰龙（Sylvester Stallone）在三天之内写出了电影剧本《洛奇》（Rocky）。作为 1977 年最杰出的电影之一，《洛奇》催生了全系列《洛奇》电影的诞生，并使史泰龙一跃成为一名国际巨星——使他在一瞬间改变了自己的整个人生。

> **"现在是该抓住生活 之喉的时候了，请千万 不要放手。"**

西尔威斯特·史泰龙

3

1987 年，枪炮与玫瑰乐队主吉他手斯拉施（Slash）花了三个小时写出了歌曲《欢迎来到丛林》（*Welcome to the Jungle*）。这首歌十分流行。2009 年，热门电视频道（VH1）将其赞誉为有史以来最伟大的重摇滚歌曲。

4

在 1993 年美国国家橄榄球联盟的季后赛，这场令人震惊的体育回归赛中，在一场橄榄球比赛的最后 27 分钟，且在 3:35 落后的情况下，水牛城比尔队重整旗鼓——连得 38 分，最终以 41:38 赢得了这场比赛！

时间是一件礼物。它让你有机会做一些了不起的事情。它可以诠释你独特的才能。它可以改变你的生活。

我们都会得到每天 24 小时、每小时 60 分钟的礼物去做一些美妙的事情。

每一小时——更别说每一天、每一周或更久——在你集中所有的注意力的时候，它都是一块非常强大的画板。

"如果你真想做成某件事，
就去请教你所认识的
最忙碌的人吧。"

——佚名

哇！真令人难以置信……一个钟头的课程即将结束了。我希望你同我的感受一样：时间飞逝而过。

在我们稍事休息之前，我想将我最喜欢的有关提高工作效率和时间管理能力的技巧与策略罗列出来。

吉姆最喜欢的提高效率和时间效能的技巧：

A. 摒弃
B. 立即做决定
C. 创建档案系统
D. 选择具体时间回复电话或电子邮件
E. 使用带有秒针显示功能的手表
F. 携带笔记本
G. 学会浏览
H. 寻求帮助
I. 一次性完成任务
J. 继续前进——做完的就做完了

A. 学会迅速丢弃且不内疚。 有收集癖的人讨厌这样做。要学会丢掉没用的东西。要删除电子邮件。东西越多意味着垃圾和杂波越多。你丢弃得越快，你就越能轻装前进。

B. 对于每天进入你工作日程的各项事务，要立即做出决定该如何处理。 无论是一条短信、一封电子邮件、一个留言、一封书信……还是什么，要么：a）马上处理，b）丢弃，或 c）保存。要克服"日后进行处理"的冲动。这一技术的一个子方法是建议"每一个文件只碰一次"。

c. 将属于某个单一项目的每一份文件、每一本书或文章放在同一个地方。 对我来说，当我开始写某本书时，我发现，将所有的研究内容放在一个盒子里的做法能让我平静下来，有助于我整理思路。

《时间管理》

今天你正在读的这本书，出版前60天看上去是这个样子的。

D. 一天抽一或两次时间回复语音信息、短信或电子邮件。 如果你工作时允许自己被不断地打扰，那么，你就永远无法把任何事情做好。专家认为，当人们在富有成效地进行工作时因受到打扰而中断工作，他们需要花 5~10 分钟的时间才能恢复到原来的工作状态。

　　E. 建议你戴一只具有数字秒针显示功能的运动表。 我不知道还有什么更好的方法能让你更加关注时间的流逝！

　　F. 通过一些方便易用的方法，随时把一天来进入你脑海的想法记录下来。 这样做，可以帮助你减少因担心会忘记一些你需要做的事情而带来的紧张。

G. 教会自己快速阅读。 就像心理坚忍一样，速读是一种可以培养的技巧。以下是了解速读的唯一最重要的观点：

无论读什么书（当然，本丛书除外），你都不需要逐词阅读。

通常来说，通过阅读其中大约 50% 的字词，你就可以了解作者的写作意图。

对我来说，使用下列方法组合可以使我了解我所需要的内容：

（1）只读每一个段落的第一个句子；

（2）阅读所有黑体字、下划线或斜体字部分；

（3）只读有关内容介绍和总结的段落或章节；

（4）纵向浏览，而不是横向阅读；

（5）读书时不要不出声地读（尽量做到这一点）；

（6）一次读完一页或几段，不重读，除非你确信漏掉了什么。

"一般来讲，读者最少可以将他们目前的阅读效率提高三到四倍。（快速）阅读是一种技巧——一种能够培养或习得的能力。"

——韦德·卡特勒（Wade E.Cutler）
《三倍速英语阅读》（*Triple Your Reading speed*）
（Pocket Books 出版社，2002 年，第四版）

198

H. 毫不犹豫地寻求帮助。 在做任何一件事情之前，通过寻找之前做过此事的人，并寻求他们的指导，你可以节省大量的时间。重新发明车轮毫无意义。

不管你在做什么，以前都可能有人做过此事。如果你能找到这样一个人，并说服他们对你进行指引，你肯定会节约大量的时间和精力。

199

I. 只要有可能，要一次性或者在一个时间段内完成一项任务。

帕金森法则说明：完成一项工作的时间会膨胀到你所拥有时间的极限。如果你有 3 个小时去完成一个项目，那么，你将在 3 个小时内完成它。如果你有一个星期时间，那么它将会用去你一星期，而且很有可能，你所完成的产品也不见得就比 3 小时完成的产品更好。

200

J. 继续前进。 在你完成一项测试、一本书、一个项目或者一天的工作后，就不要再去想它。一切都结束了。那已经是过去的事了。不要浪费宝贵的精力去设想会发生什么。

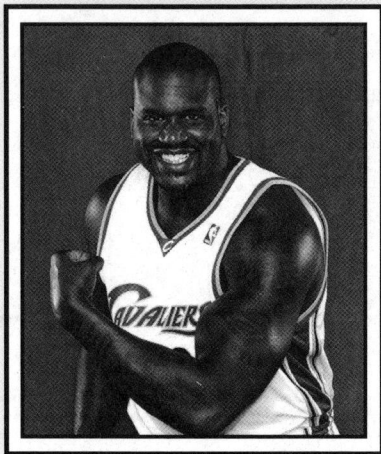

"我不会总是将某一次罚球未中记在心中。"

——沙奎尔·奥尼尔
（ Shaquille O'Neal ）

当然，沙奎尔已经有过很多次罚球未中的经历。然而，在他罚球未中那一刻后，他就把这事忘掉了。这是一种需要培养的非常重要的能力。过去的就已经结束了。现在是一份礼物。这就是为什么人们称现在（ present ）为礼物（ present ）。

"过去什么事情都没有发生过……过去和未来显然并无其自身的存在……他们的存在是从现在那里'借'来的。"

——艾克哈特·托利（Eckhart Tolle）
《当下的力量》（*The Power of Now*）
（Namaste 出版社，1999 年版）

嗯，我们的讲座结束了。

我希望你不会把时间管理当成一件苦差事。要把它当成一种乐趣……就像任何一项挑战一样，你需要去努力，且一旦你掌握了它，它就可以给你带来无比美好的结果！

以下是关于有效的管理时间所需要记住的 10 个最重要的观点的总结。

谢谢你的来访。我很高兴你能来作客！！

有关时间管理
需要记住的
十个最重要的观点

1. 自我意识是先决条件。

只有当你真正意识到你是如何支配时间的，你才能去管理你的时间。

我建议你记一个星期左右的时间日志。观察一下在哪些方面你可以重新分配你的时间支出。

2. 目标设定是第一步。

除非你确定了你想要达到的目的和想要达成的目标，否则不必为时间的流逝而担心。

如果连自己应该朝哪个方向去都不知道，那你是在盲目地旅行。

3. 选择是艰难的。

时间管理最终就是关于做出选择的。

你每天都有 24 小时的时间可用。每星期 168 小时。你该如何去使用这些时间，选择权在你手里。

目标达成讲的就是做出艰难的选择，就是在许多需要你付出时间的、相互竞争的需求中做出选择。

4. 你可以"创造"时间。

寻找方法将非生产性时间转变为生产性时间。找出一天或一周中的空闲时间。你可以富有成效地利用这些时间，而不是坐在那里等待事情发生。

通过运动和健康饮食增加你的能量。在你的每一小时里，你的精力越充沛，这一小时对你实现目标所发挥的作用就越大。

5. 拖延是大敌。

拖延是一种令人讨厌的诱惑。然而，你必须同这种冲动进行斗争。

试着将自己设想成：你要么在前进，要么在后退。要么，你是在向着你的目标前进，这当然很好。要么，你是在远离你的目标。当你站着不动时，你的目标很有可能是在离你远去。

6. 要有一颗"似水之心"。

如果你能够清理你的工作区域、你的生活，并最终清理你思想中的杂波，你将会显著增加你的工作成效。

杂波是高效和强大思想的障碍。

当你清理了思想中的杂波，你的思想就获得了解放！

7. 计划和准备是值得花精力去做的。

　　通过提前考虑你想在某一特定事件中或在某一个特定时期内达成什么样的目标，你可以增加成功实现自己所要做的事情的预期。

8. 通过确定优先次序，你可以做到去芜存精。

　　确定优先次序意味着决定什么时候你要做什么。

　　通过确定哪些是最重要的项目，对你的每一天和生活进行组织，你可以增加你想要达成自己目标的可能性。

　　确定优先次序的方法之一是要记住二八定律，也就是说，导致达成你目标的 80% 的进展来自你 20% 的活动。

9. 专心致志是问题的关键所在。

通过减少干扰并将注意力集中于手头的工作，你可以使自己努力的效果成倍增长。

分心是梦想的杀手。它们会削弱你的聪明才智。当你决定工作时，那么就工作，不要让来自外界的干扰打断你的努力。

213

10. 选择对你来说行之有效的时间管理技巧。

我们已经确认了能够提高效率的时间管理技巧。有一些可能会让你感到有意义，有一些则不然。

你可以对不同的方法进行试验和尝试。关键是要努力把你的每一小时使用得尽可能合理有效。

214

该说再见了！希望我们很

快能再见面！

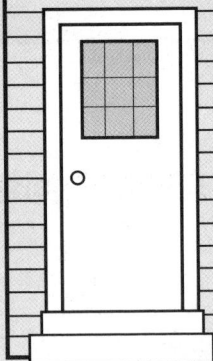

结 束！

推荐阅读

以下是我们在写作本书的过程中所参考过的书目清单:

Break-Through Rapid Reading, Peter Kump (Prentice Hall,1998)

Creative Time Management, Jan Yager (Hannacroix, 1999)

Eat That Frog!, Brian Tracy (Berrett-Koehler, 2007)

Future Shock, Alvin Toffler (Bantam, 1970)

Getting Things Done, David Allen (Viking, 2001)

How to Get Control of Your Time and Your Life, Alan Lakein (Signet, 1973)

Remember Everything You Read, Stanley D. Frank (Avon,1990)

Speed Reading for Professionals, H. Bernard Wechsler and Arthur Bell(Barrons, 2006)

The 4-Hour Workweek, Timothy Ferriss (Crown, 2007)

The 7 Habits of Hiahly Effective People, Stephen R.Covey (Simon & Schuster, 1989)

The 25 Best Time Management Tools & Techniques, Pamela Dodd and Doug Sundheim (Peak Performance, 2005)

The Autobiography of Benjamin Franklin, Benjamin Franklin (1790)

The One Minute Manager, Ken Blanchard and Spencer Johnson (William Morrow, 1982)

The Power of Focus, Jack Canfield, Mark Victor Hansen, Les Hewitt (HCI, 2000)

The Power of Less, Leo Babauta (Hyperion, 2009)

The Time Trap, Alec Mackenzie and Pat Nickerson (AMACOM, 2009)

Time Power, Brian Tracy (AMACOM, 2007)

Triple Your Reading Speed, Wade E.Cutler (Pocket Books, 2002)

Work Less, Do More, Jan Yager (Sterling, 2008)